LE

R'AZAOUAT

EST-IL L'ŒUVRE DE

KHEIR-ED-DIN (BARBEROUSSE)?

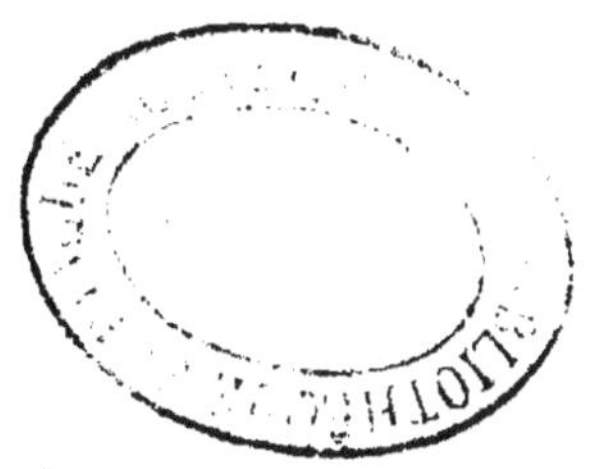

VILLENEUVE-SUR-LOT,

IMPRIMERIE DE X. DUTEIS, RUE GALAUP.

—

MDCCCLXXIII.

TIRÉ A CENT EXEMPLAIRES.

AVANT-PROPOS.

Le xvie siècle est la grande époque historique de l'Algérie. C'est après la prise
de Grenade (1492), que les Espagnols
fondèrent leurs premiers établissements
sur le sol africain, au moment même
où les Maures expulsés venaient en re-
peupler les côtes : c'est quelques années
plus tard que deux corsaires, aussi habiles
qu'heureux, vinrent élever au rang des
puissances la petite ville des Beni-Maz-
r'anna, et y fondèrent la capitale de cette
célèbre Régence d'Alger , qui , pendant
plus de trois siècles, fut, sinon la maî-
tresse absolue, du moins la terreur de la
Méditerranée. — Jusqu'au moment de la
conquête de l'Algérie par les armées fran-

çaises, l'histoire algérienne du xvie siècle avait été faite presque exclusivement à l'aide des documents espagnols. Quelques années après la prise d'Alger, et avant même que la domination de la France fût assez assurée pour lui donner la certitude de conserver sa conquête, des hommes dont il faut se souvenir avec reconnaissance, songèrent à réunir les manuscrits arabes qui avaient échappé à une ignorante dévastation. Nous devons à leurs soins éclairés la conservation de plusieurs textes précieux, qui ont servi et servent encore aujourd'hui à confirmer ou à discuter les allégations des historiens espagnols et nous sont d'un usage continuel dans l'étude de l'histoire du pays.

Parmi ceux de ces manuscrits qui datent du xvie siècle et qui en retracent l'histoire, il en est un auquel on attribue une importance capitale : c'est celui qu'on appelle communément le R'azaouat. Il est classé à la Bibliothèque d'Alger sous le n° 942 ; son véritable titre est : Ghazewati Aroudj we Kheïr-ed-Din (les victoires d'Aroudj et de Kheïr-ed-Din).

Les quelques pages que je vais consa-
crer à ce document, ont pour but de
prouver qu'il ne mérite pas la confiance
absolue qui lui a été accordée par plusieurs historiens, séduits par une thèse
dont j'espère démontrer la fausseté. Je ne
peux m'empêcher de trembler en pensant
que je vais attaquer le savant et regretté
M. Berbrugger sur un terrain dont il est
le maître à si juste titre. Il faut encore
que je sois bien convaincu de la bonté
de ma cause, pour nier l'authenticité
d'une de ces auto-biographies que j'aime
tant, que je trouve si précieuses, et qui
me feraient volontiers répéter chaque
jour, après Blaise de Monluc : « Plust à
» Dieu que nous qui portons les armes,
» prinsions cette coutume d'escrire ce
» que nous voyions et faisons ; car il me
» semble que cela serait mieux accom-
» modé de notre main, j'entends du fait
» de la guerre que non pas des gens de
» lettres, car ils déguisent trop les choses,
» et cela sent trop son clerc. »

Henri de Grammont.

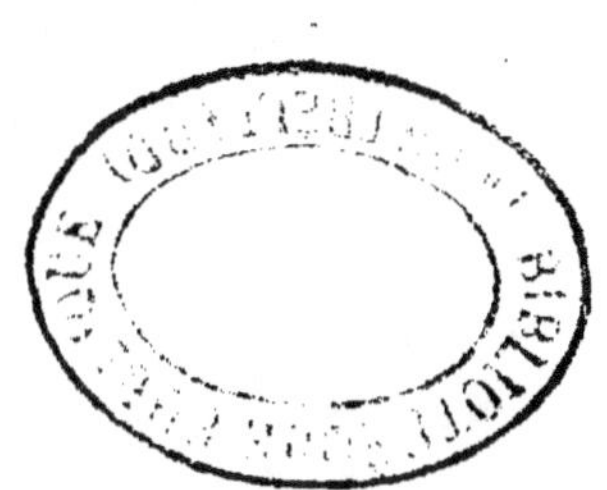

LE R'AZAOUAT

EST-IL L'ŒUVRE DE

KHEIR-ED-DIN (BARBEROUSSE)?

Le *R'azaouât* nous a été révélé par une excellente publication de MM. Sander-Rang et Ferdinand Denis, sous le titre de : *Fondation de la Régence d'Alger. Histoire des Barberousse* (Paris, 1837, 2 vol. in-8°). Ces auteurs nous ont donné la traduction du manuscrit arabe, trouvée par eux à la Bibliothèque Nationale dans les cartons du célèbre orientaliste Venture de Paradis. C'est à cette traduction, dont le mérite n'a jamais été contesté, que nous emprunterons les citations que nous aurons à faire. MM. Sander-Rang et F. Denis l'ont enrichie de notes généralement très-judicieuses, où ils ont discuté les allégations du chroniqueur arabe, les comparant avec les récits des écrivains espagnols contemporains. Ce travail a été universellement apprécié, et on peut dire qu'avec le *Précis analytique de l'Histoire d'Alger sous l'occupation turque*, des mêmes auteurs, il a servi de base à la plupart des histoires de l'Algérie, publiées depuis cette époque. — La préface nous apprend que, malgré de nombreuses recherches, le nom de l'auteur oriental était resté inconnu au traducteur, ainsi qu'à ceux qui nous ont restitué la traduction, et nous allons voir si on est beaucoup plus avancé aujourd'hui.

La chronique commence au moment de la naissance des Barberousse (1470 environ) et se continue jusqu'à la guerre maritime de l'Archipel, pendant laquelle *Kheïr-ed-Din* était amiral des flottes de *Soliman* (1538 - 1545). Elle raconte l'origine des Barberousse, leurs premières courses sur la Méditerranée, leur établissement sur les côtes barbaresques, la fondation de la Régence avec les luttes auxquelles son établissement donna lieu. Enfin elle se termine par le récit de la malheureuse expédition de Charles V contre Alger. Il n'est pas besoin d'une plus longue description pour faire ressortir l'intérêt capital que présente ce texte, qui embrasse une période de plus de soixante-dix ans, et que nous savons avoir été composé à une époque très-rapprochée des événements qui y sont décrits *.

En 1857, M. Berbrugger publia sous le titre : *Les Epoques militaires de la grande Kabylie* (Alger, in-12), un ouvrage qui fut très-justement goûté, et qui renfermait nombre de renseignements inédits ou très-peu connus. Deux notes de cet ouvrage, l'une à la page 52, l'autre à la page 309, vinrent de nouveau appeler l'attention sur le *R'azaoûât*, et se trouvaient en effet de nature à accroître sensiblement l'importance qu'on y attachait déjà. D'après ces notes, l'auteur de la chronique arabe était enfin connu, et ce n'était rien moins que *Kheïr-ed-Din* lui-même. C'était

---

* On lit dans le *R'azaoûât*, tome I, p. 257 : « Kheïr-
» ed-Din avait un fils, qui était déjà un homme fait
» (*1530 environ*) ; c'est celui qui vit encore de nos
» jours et qui est connu sous le nom d'Hassan. » Ces
lignes nous prouvent suffisamment que le *R'azaoûât*
a été écrit avant la fin du XVIᵉ siècle.

le fondateur de l'Odjeac d'Alger qui avait écrit l'histoire de sa fondation ! Dès lors, le *R'azaouât* devenait article de foi.

Avant de passer à la discussion générale, il est nécessaire de reproduire *in-extenso* les notes dont je viens de parler.

A la page 52, nous lisons : « Ouvrage dicté
» en turc par Kheïr-ed-Din, frère d'Aroudj,
» puis reproduit en arabe, d'où Venture de
» Paradis l'a traduit en français. Ce dernier
» travail trouvé dans ses papiers, à la Biblio-
» thèque nationale, a été publié en 1857,
» par MM. Sander-Rang et Denis, sous le
» titre de *Fondation de la Régence d'Alger*,
» sans que ces éditeurs aient connu l'auteur
» véritable de l'œuvre originale dont ils fai-
» saient paraître la traduction annotée *. »

A la page 309 : « On lit dans Hammer,
» *Histoire de l'Empire Ottoman*, t. v, p. 5 :

----

* Les auteurs de la *Fondation de la Régence d'Alger* disent à ce sujet : « Mais quel en est l'auteur ? Quelle
» était la position sociale de l'historien d'Aroudj et de
» Kheïr-ed-Din ? Nous avouerons qu'à ce sujet il nous
» est impossible de rien préciser ; tout en appréciant
» la valeur du livre, les Orientalistes que nous avons
» consultés à son sujet, n'ont pu lever aucun doute,
» bien loin de trancher la difficulté. » T. i, *préface*,
p. 7.

» *Ghazevati Khaïreddin Pascha*, les vic-
» toires de Khaïreddin Pascha (Barberousse),
» que ce dernier, par ordre de Souleïmane I,
» avait dicté au Tchaouche Sinan. Il existe,
» de cet ouvrage, deux éditions en langue
» turque. La première, avec beaucoup de
» détails, est écrite en style grossier ; la
» deuxième, plus précise, se distingue par
» un langage plus pur, et a servi de base
» au précis des guerres maritimes. La pre-
» mière édition forme un volume in-4°, de
» 89 feuilles ; la deuxième, un volume in-8°,
» de 128 feuilles. Il s'en trouve un exem-
» plaire peu correct, mais superbe, à la
» bibliothèque Barberini, à Rome.

» On lit dans le même auteur (t. v, p. 544) :
» Le commentaire de Kheïr-ed-Din, qu'il
» dicta d'après les ordres du Sultan à Sinan
» Tchaouche, finit à l'époque où le siége fut
» levé (par Charles V, en 1541).

» La bibliothèque d'Alger possède, sous le
» n° 942, une traduction arabe de la vie
» d'Aroudj et de Kheïr-ed-Din, faite sur l'ori-
» ginal turc, ainsi qu'il est indiqué à la fin
» du volume. En parcourant cet ouvrage,
» nous avons reconnu qu'il était identique à
» la chronique arabe que MM. Sander-Rang

» et Denis ont publiée en 1837, sous le titre
» de : *Fondation de la Régence d'Alger*, et
» dont ils avaient trouvé la traduction dans
» les papiers de l'orientaliste Venture de Pa-
» radis. Ces Messieurs n'ont pas connu l'auteur
» de cette chronique, qui nous est révélé par
» la note du manuscrit 942, rapprochée des
» passages de l'histoire de l'Empire Ottoman.

» Cette découverte bibliographique n'est pas
» sans intérêt, puisqu'elle nous fait connaître
» l'importance d'un document relatif au début
» de l'établissement turc, écrit par celui-là
» même qui l'a fondé. »

Je ferai remarquer tout d'abord que M. Berbrugger n'invoque pas à l'appui de son dire
d'autre autorité que l'affirmation de M. de
Hammer[*]; secondement, que ce dernier se

---

[*] C'est ici qu'on peut voir combien l'entraînement
est dangereux en pareille matière ! A peine M. Berbrugger se croit-il assuré que le *R'azaouât* est l'œuvre
de *Kheïr-ed-Din*, qu'il met en suspicion tout ce qui
ne concorde pas avec ce document. C'est ainsi que
nous le voyons, à la page 56 de l'ouvrage dont nous
avons tiré les notes ci-dessus rapportées, discuter une
inscription arabe de la Jénina, parce qu'elle n'est pas
complétement d'accord avec le *R'azaouât* : à la page
59, il déclare préférer aux autres versions celle du
chroniqueur espagnol Gomara, parce que, dit-il, c'est

contente d'affirmer, sans citer personne. Mais nous pouvons combler cette lacune, et connaître celui que nous appellerons le premier coupable : c'est l'historien turc Hadji Khalfa qui, dans son *Précis des guerres maritimes,* a donné un abrégé du *R'azaouât,* en lui attribuant l'origine qu'ont acceptée les deux historiens que nous venons de citer. *Hadji Khalfa* s'est contenté d'une simple affirmation , se basant uniquement sur la tradition, qui est, du reste, toute puissante chez les Turcs[*]. Donc , *Hadji Khalfa* affirme d'après la tradition, *M. de Hammer* d'après *Hadji Khalfa,* et *M. Berbrugger* d'après *M. de Hammer.* Nous allons voir ce que vaut cette triple affirmation

---

celle qui s'accorde le mieux ,avec le *R'azaouât.* Nous ne multiplierons pas ces citations ; mais nous restons étonnés de la confiance absolue que M. Berbrugger a accordée en cette occasion à l'historien allemand, duquel il reléve avec raison une erreur capitale, quelques pages plus loin (p. 90, *Epoques militaires de la grande Kabylie).*

[*] Il n'y a pas que chez les Turcs! Depuis que M. Berbrugger a publié cette note, tous ses successeurs semblent avoir pris pour article de foi le fameux : *c'est écrit* des Orientaux. — C'est pour éviter que l'on ne continue d'agir indéfiniment ainsi , que je trace ces quelques pages.

et chercher si M. Berbrugger n'eût pas agi plus prudemment en imitant la réserve qu'il semble reprocher aux auteurs de la *Régence d'Alger* (note déjà citée.)

J'entre maintenant dans le sujet même, et je prétends prouver :

1° Que le *R'azaouât* n'a pas été dicté par *Kheïr-ed-Din*, ni à *Sinan Tchaouche*, ni à tout autre.

2° Qu'il n'a même pas été rédigé sous son inspiration.

3° Que, même en prenant le mot *dicter* dans son acception la plus large, l'ouvrage dont nous nous occupons ne peut pas être dû à un des compagnons d'armes, ni à un des serviteurs de *Kheïr-ed-Din*, reproduisant par la plume les récits de son chef ou de son maître*.

Je vais tout d'abord dire comment j'ai été amené à faire ce que j'appellerai, à mon tour,

---

* Il est bien entendu que je ne parle du *R'azaouât* que d'après la traduction de Venture de Paradis, qui est reconnue identique au manuscrit 942 de la Bibliothèque d'Alger. La précaution que je prends en ce moment paraîtra peut-être excessive à tous ceux qui ont pu apprécier la conscience littéraire du célèbre orientaliste.

une découverte bibliographique. Je lisais tout dernièrement une très-intéressante publication*, dont quelques pages attirèrent mon attention sur le rôle si singulier et si important que jouèrent dans l'histoire algérienne les deux grands chefs kabyles de *Kouko* et de *Kalâa*. De recherches en recherches, je fus amené à poursuivre leurs traces dans le *R'azaouât*, qui m'était indiqué comme étant l'œuvre de *Kheïr-ed-Din* lui-même.

Dès les premières pages, je ne pus m'empêcher de concevoir des doutes sérieux sur l'origine indiquée ; j'ose même dire que j'étais moralement certain de ce que j'affirme aujourd'hui, lorsque je tombai sur les passages suivants, qui vont me servir à établir mon premier point :

1° Que le *R'azaouât* n'a pas pu être dicté par *Kheïr-ed-Din*, ni à *Sinan Tchaouche*, ni à tout autre.

Ici, une lecture tant soit peu attentive suffit pour ne plus conserver le moindre doute.

En effet, on lit, t. ɪ, p. 296 : « Alors les

---

* *Lettres inédites de Guillaume du Vair, publiées avec avant-propos, notes et appendice*, par PH. TAMIZEY DE LARROQUE (Paris. 1873).

» esclaves lui firent voir une lettre qu'ils
» avaient écrite au commandant de Bégiagé
» (Bougie). Il est bon de se rappeler que
» cette place était alors entre les mains des
» chrétiens, auxquels elle n'a été enlevée que
» sous le gouvernement de *Salah Reïs*, qui
» fut plus heureux dans cette entreprise
» qu'*Aroudj* et *Kheïr-ed-Din*. »

Ceux qui ont attribué ces lignes au second
des Barberousse, ont certainement dû concevoir une vive admiration pour son esprit pro-
phétique, en constatant qu'il y parle d'un
fait qui s'est passé sept ou huit ans après sa
mort; car *Salah Reïs* ne prit Bougie aux Espagnols qu'en 1555, tandis que *Kheïr-ed-Din*
était mort dès 1546 *.

------

* L'historien espagnol *Haëdo (Epitome de los Reges
de Argel)* retarde cette mort de deux ans; « il mourut, » dit-il, « au mois de mai 1548, à la suite d'une
» fièvre de quatorze jours ».

Sandoval, l'historiographe de Charles V, ne précise
pas la date de la mort de Kheïr-ed-Din; il indique,
comme ayant été la cause de sa fin, sa passion sénile
pour la fille de Diégo Gaëtan, Italienne d'une rare
beauté, âgée de dix-huit ans, qu'il avait enlevée
à Reggio en 1543, et qu'il épousa à son retour à Constantinople, après l'avoir fait abjurer. « Quelque temps
» après le mariage, il fut attaqué, dit Sandoval, d'une

A la rigueur, cette première citation suffi-
rait ; mais je n'ai pas besoin d'économiser mes
preuves. On lit, vol. 1, p. 292 : « Il a existé
» peu d'hommes plus prévoyants et plus sages
» que *Kheïr-ed-Din*. Toutes les grâces que
» Dieu lui a faites dans ce monde, nous sont
» un garant de la félicité dont il jouit dans
» l'autre vie. » Je le veux bien ; mais si c'est
lui qui a dicté cette phrase (en turc, dit
Hammer !) à *Sinan Tchaouch* ou à tout autre,
j'estime que ce ne peut être que par l'inter-
médiaire d'une table tournante, et je me con-
vertis au spiritisme.

» forte dyssenterie, qui persista et finit par une sorte
» de paralysie ; la fièvre survint et l'emporta à qua-
» tre-vingts ans passés. »

Léon Galibert, dans son *Histoire de l'Algérie* (p. 187),
donne 1547 comme date de la mort de Barberousse.
« Cette vie efféminée, dit-il, lui fut fatale : une maladie
» grave l'emporta après quelques jours de souffrance ;
» il était âgé de quatre-vingts ans. La même année vit
» mourir trois autres hommes également célèbres :
» François Ier, Henri VIII et Luther ! »

La vérité avait été indiquée, dès le XVIIe siècle,
dans un document publié par Guillaume Ribier *(Lettres et Mémoires d'Etat*, etc., 1666, in-fo, t. 1, p. 584).
L'évêque de Cambrai, ambassadeur à Constantinople,
annonça, le 4 juillet 1546, la mort de Barberousse au
roi de France, « de quoy », ajoute-t-il naïvement,
« vostre Majesté ne doibt avoir trop grand desplaisir ».

II.

Pour parler sérieusement, il est démontré par ces deux citations, que *Kheïr-ed-Din* était mort quand le *R'azaouât* a été écrit, et subsidiairement, qu'il n'a pu le dicter à personne. Le premier point peut donc être considéré comme prouvé, et nous allons passer au second et au troisième, qui seront discutés ensemble. Je dis donc :

2° Que le *R'azaouât* n'a pas été rédigé sous l'inspiration de Kheïr-ed-Din ;

3° Que, même en prenant le mot *dicter* dans son acception la plus large, le *R'azaouât* n'est pas dû à un des compagnons d'armes, ni à un des serviteurs de *Kheïr-ed-Din,* reproduisant par la plume les récits de son chef ou de son maître.

Ici, la discussion va devenir plus ardue, et il est nécessaire d'esquisser la figure du second des Barberousse, afin de chercher ensuite si nous retrouverons quelque chose de lui dans l'ouvrage qui nous occupe.

Si nous voulions nous en tenir au témoignage du chroniqueur arabe, *Kheïr-ed-Din* aurait été le modèle de toutes les perfections. Nous avons déjà cité la phrase : « Il a existé » peu d'hommes plus prévoyants et plus sages.» (Vol. i, p. 292). Nous lisons ailleurs : « Un

» de ces hommes rares, faits pour le com-
» mandement, dont la nature semble méditer
» l'apparition sur la terre pendant des siècles.»
(Vol. ı, p. 188). Plus loin : « le brave *Kheïr-*
» *ed-Din,* dont l'âme était incapable de se
» troubler dans les plus grands dangers. »
(Vol. ı, p. 192), et : « Soliman jeta les yeux
» sur *Kheïr-ed-Din,* dont la réputation était
» alors si justement célèbre dans l'univers,
» par sa sagesse dans le commandement, par
» son habileté dans l'art de la navigation,
» par son intrépidité dans les combats. »
(Vol. ı, p. 286), et encore : « Malgré la
» haine qui l'animait contre le bey d'Alger,
» il (*André Doria*) ne put s'empêcher de
» rendre justice aux talents et au génie de
» l'ennemi implacable de la chrétienté.» (Vol. ı,
p. 289) *.

Mais, si nous nous méfions de l'exagération
orientale et de l'admiration que témoigne le
chroniqueur à son héros, laissons la parole à

------

* Je ne peux pas multiplier à l'infini ces citations :
l'ouvrage fourmille de louanges de ce genre. Disons,
en passant, que ceux qui ont supposé que Kheïr-ed-
Din en était l'auteur, ont dû trouver qu'il avait bien
honne opinion de lui-même, et qu'il s'encensait avec
peu de modération.

l'évêque de Pampelune , *D. Fray Prudencio de Sandoval**. Celui-là ne peut pas être suspecté de partialité en faveur de Barberousse ; sa double qualité d'Espagnol et de prêtre nous interdit cette supposition. Le fait est que, de temps en temps, il le traite durement et ne lui ménage pas les épithètes de *maudit de Dieu* et de *tison d'enfer*. D'un autre côté, il était à même de connaître parfaitement son sujet, et ne nous l'a pas décrit à la légère : il avait eu tous les détails nécessaires par nombre de gens qui l'avaient approché, tant par des captifs rachetés que par des prisonniers maures ou turcs, sans compter les innombrables émissaires des sultans de Tlem_cen, de Tunis et des grands chefs kabyles, qui venaient tour-à-tour implorer le secours de l'Espagne contre leur redoutable voisin. Nous pouvons donc accorder une foi complète aux éloges contenus dans le portrait suivant :
« Il discourait avec finesse , souvent même
» avec malice. Son orgueil se laissait facile-
» ment voir , et il regardait peu à ses paroles ,
» surtout lorsqu'il était de mauvaise humeur.

---

* *Historia de la vida y echos del emperador Carlos V, maximo , fortissimo.*

» Il compensait de tels défauts par une tolé-
» rance étudiée, par sa grâce et par le bonheur
» qu'il avait dans tout ce qu'on lui voyait
» entreprendre. Il était courageux et prudent
» à la fois dans l'attaque et dans le combat.
» On le trouvait prévoyant à la guerre, dur
» au combat et constant, par-dessus tout, dans
» les revers de fortune ; car il ne montra
» jamais ni faiblesse, ni crainte. »

En résumé, on peut dire que *Kheïr-ed-Din*
fut un homme très-remarquable. Ce fils d'un
potier de *Metelin*, qui, sans autre secours que
son bras et son génie, arriva à fonder la
Régence d'Alger, malgré les Espagnols et au
temps de leur plus grande puissance ; qui sut
la maintenir, en dépit de la jalousie sans
cesse armée de ses deux puissants voisins de
Tlemcen et de Tunis, des trahisons intérieures
et de la turbulence même des siens ; qui fut
pendant quarante ans le véritable maître de
la Méditerranée et qui, au déclin de ses jours,
eut cette gloire dernière d'être choisi par Soliman pour commander les flottes ottomanes,
dans la lutte suprême que le Sultan allait
entreprendre contre la chrétienté ; ce Barberousse enfin, dont les aventures et le nom
légendaire avaient répandu une terreur supers-

titieuse sur toutes les côtes du midi de l'Europe, nous apparaît sous la plupart des traits auxquels l'histoire reconnaît les hommes extraordinaires. Toute sa vie nous le montre très-courageux et très-sagace, peu disposé à abandonner un projet mûri par lui, mais se gardant d'en compromettre la réussite par précipitation ou par entêtement; sachant, au contraire, y renoncer en apparence, pour revenir plus tard avec de meilleures chances de succès : par suite, généralement heureux dans ses entreprises; se mouvant avec une facilité presque inexplicable et une sérénité inouïe, au milieu du réseau d'intrigues et de trahisons dont il était sans cesse enveloppé; avec tout cela, moins cruel et moins fanatique que la plupart des hommes de son temps.

Et maintenant, à quoi devons-nous nous attendre en ouvrant les *Commentaires* inspirés par un homme tel que celui que nous venons de décrire? Il ne faut pas être bien exigeant pour avoir l'espérance d'y trouver l'histoire détaillée de la fondation de la Régence, l'exposé des motifs pour lesquels Barberousse abandonna un instant cette difficile entreprise, quelques détails sur l'état du pays au moment où il y arriva, et sur les principaux de ceux avec lesquels il fut en lutte ou en contact; mais au moins, et en tous cas, on doit y voir une connaissance absolue des faits et des lieux, et l'on peut présumer ne rencontrer dans l'explication des faits, d'autre altération de la vérité que celle qui pourrait servir à la gloire du héros de la chronique.

Nous allons démontrer, le texte en main, que ces caractères d'authenticité font défaut au *R'azaouât,* d'un bout à l'autre ; nous relèverons en même temps les erreurs historiques matérielles, dont quelques-unes sont telles qu'un soldat ou un serviteur de Kheïr-ed-Din n'eût pas pu les commettre, à moins de le faire exprès.

Remarquons tout d'abord que l'auteur ne donne jamais une explication sérieuse des raisons que peut avoir son héros, pour entreprendre telle ou telle chose : tout au moins, les motifs qu'il donne sont tellement puérils, que l'imagination se reporte tout de suite aux contes de fées.

En effet, dans la chronique, il n'y a pas une des grandes déterminations de *Kheïr-ed-Din,* qui ne lui soit dictée par un songe ou par une apparition. C'est un songe qui lui fait abandonner momentanément la fondation

de la Régence et quitter Alger ; il lui faut
deux autres songes pour le décider à y revènir
trois ans après. C'est en rêve qu'il découvre
la manière de vaincre *André Doria* et *Ahmed
ben el Kadi*, chef de *Kouko :* le prophète lui
apparaît à chaque instant, soit pour le pré-
venir des mauvais desseins de ses ennemis,
soit pour lui annoncer les projets de révolte
des esclaves. — Enfin, je compte, dans le
premier volume seulement, plus d'une dou-
zaine de songes et d'apparitions, servant de
motifs à autant de décisions ou de faits im-
portants. Et ce serait un de ceux qui avaient
approché et connu *Kheïr-ed-Din*, qui nous
aurait expliqué d'une façon aussi enfantine
les phases si diverses de la difficile formation
de son empire !

Nous allons maintenant constater qu'en
parlant de cette ville de Bougie, qui fut le
desideratum constant de *Kheïr-ed-Din* et de
son frère *Aroudj*, de cette ville devant laquelle ce dernier perdit un bras, et qu'ils
assiégèrent infructueusement à trois reprises
différentes ; cette place forte, qu'ils jugeaient
sagement si indispensable à leur puissance,
l'auteur ne sait même pas entre les mains de

qui elle était tombée *; je cite : « Lorsqu'on
» sut à Gênes que Bégiagé était assiégée
» par les Turcs, on fit partir en diligence
» mille hommes destinés à lui porter secours. »
(Vol. i, p. 53). Il résulte de là que l'auteur
croit Bougie en la possession des Génois. Et
ce n'est pas un *lapsus calami*, car nous lisons
un peu plus loin : « Il donna l'ordre d'équiper
» tous les vaisseaux pour le transport des
» troupes à Alger ; cependant, l'envie d'en-
» lever Bégiagé aux Génois lui fit changer
» cette disposition. » (Vol. i, p. 201). Mais le
plus mince compagnon de Barberousse, le plus
petit serviteur de ses joldachs, le dernier des

---

* Bougie avait été occupée en 1509 par les Espagnols,
sous la conduite de *Pierre de Navarre, comte d'Albeto*,
qui la fortifia. Cette occupation empêcha longtemps
l'agrandissement de la puissance turque dans l'est, en
servant de ravitaillement à l'Espagne et de point d'appui aux révoltes des chefs kabyles. — Elle leur fut
prise en 1555, par Salah-Reis : *Don Alonzo de Peralta*,
qui commandait la place, non secouru et mal appro-
visionné, la rendit par capitulation, après quelques
mois de siége. Charles V lui fit trancher la tête sur la
place de Valladolid, « pour apprendre à tous ceux à
» qui on a confié une place d'importance, qu'il est de
» leur devoir d'y mourir les armes à la main, plutôt
» que de se rendre honteusement » (Le P. Dan, *Hist.
de la Barbarie*).

valets d'armée savait que c'étaient des Espagnols et non des Génois que l'on avait tant et si vainement combattu à Bougie !

Nous allons voir maintenant que l'auteur ne connaît ni le lieu précis, ni les circonstances exactes de la mort d'*Aroudj*, le frère de *Kheïr-ed-Din*, et son chef de famille ! Nous lisons à ce sujet dans le *R'azaouât* : « Il se mit à la tête de ses Turcs et vint » fondre sur les Chrétiens. La fortune, cette » fois, ne seconda pas son courage : il fut » tué d'un coup de feu au commencement du » combat. » (Vol. I, p. 103). Or, dans la réalité, les choses se passèrent bien différemment. Aroudj était assiégé dans Tlemcen et commençait à manquer de vivres. Ayant perdu tout espoir d'être secouru à temps, par suite de la défaite et de la mort de son frère *Ishaac*, aux *Beni Raschid*, il se décida à sortir nuitamment de la place, dans l'espoir de faire une retraite heureuse dans la direction de Fez, dont le Sultan venait le secourir. Mais, dénoncé par les habitants de la ville, serré de près par l'ennemi, il se vit abandonner traîtreusement * par le chef kabyle de

---

* Je dis traîtreusement, parce que l'histoire d'*Ahmed*

Kouko, Ahmed ben el Cadi, qui entraîna avec lui le contingent berbère qu'il commandait. Resté seul avec une poignée de joldachs turcs, il chercha à se jeter plus au sud et à lasser la poursuite de l'ennemi. Enfin, arrivé près d'Oujda, fatigué de fuir, manquant de tout, il fit bravement tête aux Espognols et mourut, percé d'un coup de lance, après avoir désespérément combattu.

Tout en faisant remarquer que le *R'azaoudt* fait mourir *Aroudj* d'un coup de feu, sous les murs de *Tlemcen*, alors qu'il fut tué près d'*Oujda*, d'un coup de pique, lisons les détails si intéressants que nous donne *Sandoval* sur la mort du premier des Barberousse, et constatons que l'évêque de Pampelune nous assure les avoir écrits d'après la relation enenvoyée à Madrid par *Zahaf-Abdi-Guadi*, qui était ambassadeur de *Muley Ahmed Al-*

---

ben el Cadi ne nous permet guère de l'accuser de lâcheté. Il est probable que sa défection eut lieu au moment où Aroudj, voyant les Espagnols sur ses talons, donna l'ordre d'abandonner les bagages pour retarder la poursuite. Le moyen était bon; mais le Kabile a toujours tenu à son butin, et le mécontentement du contingent dut être tel, que le chef de Kouko fut peut-être contraint à cette séparation, qui devait être si fatale à Aroudj.

manzor sultan de Maroc, et qui avait été témoin oculaire de la mort d'*Aroudj*. « Voyant le
» danger devenu imminent, il sortit de *Te-*
» *lemcen* avec son ami *Ben Alcadi* et bon
» nombre de Turcs et d'Arabes ; il s'enfuit
» secrètement par une poterne, emportant avec
» lui toutes ses richesses ; mais sa fuite fut
» aussitôt connue qu'effectuée, et les Espa-
» gnols le poursuivirent vivement, dans
» l'espoir de s'emparer du riche butin qu'il
» emportait. Ils commencèrent à l'apercevoir
» dans le désert qui fait partie du royaume
» de *Dubdu**, à trente lieues de *Telemcen*.
» Lorsque *Ben Alcadi* se vit serré de près
» par les Espagnols, il changea de direction ;
» c'est alors que *Barberousse* fit jeter le butin
» et semer la terre de vaisselle précieuse, de
» monnaies d'or et d'argent et enfin de tout
» ce qu'il crut propre à exciter la cupidité
» des Espagnols. Ce stratagème ne lui servit
» à rien, quelque adroit qu'il fût ; car si les
» Espagnols eurent des mains pour ramasser
» ce qu'il avait ainsi semé, ils eurent aussi
» des jambes pour fatiguer l'ennemi et pour

---

* *Sebdou.* — Le désert dont il s'agit est le petit désert des *Angad.*

» l'atteindre. Après avoir traversé la rivière
» de *Huexda**, *Aroudj*, accablé par la fatigue
» et la soif, chercha abri dans une sorte de
» parc à chèvres entouré d'une petite muraille
» de pierres sèches. Là, il entreprit de se
» défendre avec ceux qui l'avaient suivi, et
» combattit très-courageusement et avec une
» singulière audace, jusqu'au moment où
» *Garcia de Tineo*, alfcrez de *Diego de An-*
» *drade*, connu comme un vaillant soldat, lui
» donna un coup de pique qui le renversa.
» Il se jeta ensuite sur lui et lui coupa la
» tête, qui fut portée à Oran et y resta ; il
» prit aussi scs vêtements. *Tineo* fut blessé
» à un doigt de la main droite : son ongle
» fut enlevé, et il garda toute sa vie la cica-
» trice de sa blessure. Il en tirait très-juste-
» ment fierté, ct racontait que c'était Barbe-
» rousse qui, déjà étendu à terre et mortel-
» lemcnt frappé, lui avait fait cette blessure.
» Ainsi mourut *Aroudj* en 1518. »

De bonne foi, est-il croyable que *Kheïr-ed-*
Din et ses compagnons d'armes aient ignoré
des faits si intéressants pour eux, alors que,
quelques annécs plus tard, ils étaient les

---

* *Oujda.* La rivière est l'Oued-Isly.

maîtres de *Tlemcen* et de tout le pays environnant? Et à qui *Hadji Khalfa, Hammer* et *Berbrugger* font-ils écrire des choses pareilles? Est-ce à *Sinan Tchaoueh*, de Constantinople, à ce vieux diplomate, ambassadeur et confident de deux sultans, qui vint trouver *Kheïr-ed-Din* à Alger, y résida longtemps et put y avoir une si parfaite connaissance des hommes et des choses? Ou bien, est-ce à *Sinan*, d'Alger, au fils de *Sinan Reïs*, du vieil ami de Barberousse, qui lui confiait, pendant ses absences, le commandement de ses flottes et la clef de ses trésors! A ce *Sinan*, que son maître aima tant*, qu'après avoir offert inutilement des trésors pour le racheter de captivité, il fit, pour le reprendre, la guerre au prince de *Piombino*, et ravagea toute l'île, semant partout la dévastation, jusqu'au moment où le prince effrayé rendit sans conditions la liberté à ce captif dangereux! (Voir Sandoval.)

D'après la même théorie, ce serait toujours un de ces deux *Sinan* qui n'aurait su ni quand, ni comment, ni pourquoi les Espagnols avaient bâti le *Peñon d'Argel*, chose que pas un des

---

* Il l'aima trop, disent les historiens espagnols.

Algériens contemporains ne pouvait ignorer. En effet , l'existence du *Peñon* fut, d'après tous les historiens contemporains et d'après le *R'azaouât* lui-même , la raison déterminante de l'appel fait par les Algériens aux Barberousse. La prise de ce fort fut le fait capital du règne de *Kheïr-ed-Din,* et c'est de ce moment que la plupart des écrivains du temps datent la fondation de la Régence *. Or , voilà ce que dit le *R'azaouât* à ce sujet : « Je n'ai pu dé-
» couvrir dans aucune de nos archives en quel
» temps et dans quelles circonstances il avait
» été bâti ; si les chrétiens s'étaient établis
» sur cet ilot avec l'agrément des Algériens,
» dans des vues de commerce , ou s'ils avaient

---

* La prise et la destruction du *Peñon d'Alger* par les Turcs , ne fut pas seulement un des faits d'armes les plus remarquables de *Kheïr-ed-Din ;* on peut dire qu'elle constitua définitivement la domination de ce corsaire sur une partie de la Barbarie, et qu'elle l'assura à ses successeurs. C'est même de cette époque que l'on doit faire dater la fondation de la Régence , car c'est alors seulement que les Turcs furent maîtres sans partage , et qu'ils purent se rendre redoutables sur toutes les côtes du bassin occidental de la Méditerranée, en armant de nombreux Corsaires et en ouvrant leur port à tous les pirates, de quelque nation qu'ils fussent. (Sander-Rang , vol. ii, p. 196).

» bâti ce château à main armée » (vol. i, p. 222).

Qu'on remarque tout d'abord cette forme : « *Je n'ai pu découvrir dans aucune de nos* » *archives.* » Est-ce la *manière* de quelqu'un qui écrit d'après des récits faits par le principal acteur ? Cela dit, passons à l'historique succinct du *Peñon d'Argel.*

Après la prise de Bougie par les Espagnols, en 1509, les Algériens effrayés et craignant une dure punition pour les nombreuses pirateries qu'ils avaient commises, envoyèrent au roi d'Espagne une ambassade chargée de faire leur soumission et d'offrir le tribut. Cette ambassade fut reçue en 1511 à Valence ; elle remit cinquante esclaves chrétiens et obtint paix et pardon pour le passé, sous condition de la cession des ilots *Beni Mazr'anna,* sur lesquels le roi d'Espagne se réservait de fonder un établissement. *Pierre de Navarre* y fit immédiatement construire un fort qui prit le nom de *Peñon d'Argel,* et y mit une garnison de deux cents hommes et un gouverneur. Après que les premiers succès des Barberousse eurent commencé à les rendre célèbres, les Algériens, que la présence des Espagnols et l'existence du *Peñon*[*] gênaient pour une foule de raisons, les supplièrent de venir les délivrer de ce joug. C'est à la suite de cet appel, que les deux frères firent, en 1516, leur première apparition à Alger, et y jetèrent les bases de leur puissance future[**]. Ce ne fut pourtant

---

[*] *Le Peñon* était situé sur l'emplacement où s'élève aujourd'hui le *Phare de la Marine*, à 200ᵐ environ de la ville, qu'il pouvait couvrir de ses feux, quand besoin était. Sa position rendait *la course* impossible pour les Algériens qui, privés de leur seule industrie, se voyaient de jour en jour devenir plus misérables : « Cette forteresse était cause, dit *Emmanuel d'Aranda*, » que les navires devaient se retirer de l'autre côté de » la ville, proche la porte *Bab-Azoun*, en fort grand » péril de périr avec la moindre tempête. »

[**] « Barberousse ayant reçu cette ambassade, en fut » fort aise, estimant cette occasion propre pour se » faire seigneur d'Alger, pour acquérir quant et quant » de grands états dans la Barbarie. (D'Aranda.)

» Quand les députés d'Alger vinrent le trouver, dit » le P. Dan, il était à Gigelly, petite ville où il y a un » assez bon port, à cent quatre-vingt milles d'Alger. » Toute la prière qu'ils lui firent fut de ramasser tous ses » vaisseaux et toutes ses forces, pour les venir délivrer » de la puissance des chrétiens, avec promesse que, » s'il leur faisait cette faveur, ils la sauraient bien » reconnaître. Barberousse, infiniment aise de cette » démarche, qui lui sembla la meilleure de toutes les » occasions qu'il eût su avoir d'acheminer son dessein » et de contenter la secrète ambition qu'il avait de se

III.

que quatorze ans plus tard , en 1530, que Kheïr-ed-Din prit et détruisit le *Peñon* , malgré l'héroïque résistance de *Martin de Vargas* *. Il est difficile de savoir pourquoi il ne

---

» rendre souverain d'Alger, ne se laissa pas beaucoup » solliciter par les prières de ces gens-là, et leur promit très-volontiers toute sorte d'assistance. » (Citations empruntées à Sander-Rang, vol. II, p. 147 et 148.)

* Celui-là était un autre homme que le gouverneur de Bougie. Complétement bloqué, manquant de vivres, canonné sans relâche (à 200 mètres !) et de tous les côtés, pendant dix jours entiers (du 6 au 16 mai), *Don Martin de Vargas* vit successivement démanteler tous ses parapets, démonter toutes ses pièces , tuer ou blesser tous les défenseurs de la place ; les murs du château étaient écroulés en maint endroit ; les quelques hommes que n'avait pas atteint le feu de l'ennemi , mouraient de faim les uns après les autres. Lorsque *Kheïr-ed-Din* , à la tête de plus de mille arquebusiers , donna l'assaut à ce qui restait de ces deux cents braves gens, il ne rencontra , sur l'amas de décombres qui avait remplacé le fort, que le vieux gouverneur , perdant son sang par plusieurs blessures , prêt à défaillir , mais debout , l'épée à la main et gardant la brèche jusqu'au dernier moment. C'était une famille de héros. Le père de celui-là , *Diègue de Vargas* , à une bataille contre les Maures d'Espagne, ayant rompu son épée dans l'action , s'était armé d'une lourde branche pour continuer de combattre. Il en avait reçu le surnom de *Machuca* (massue), qu'il transmit aux siens avec ses vertus guerrières.

dirigea pas de meilleure heure ses efforts contre une position qui était si gênante pour Alger, et qui pouvait, à un moment donné, lui susciter de si graves embarras. La seule raison qui paraisse plausible, est qu'il n'était peut-être pas fâché de tenir les Algériens sous le coup de cette terreur, et qu'il attendait que sa domination sur eux fût suffisamment affermie, avant de les délivrer de ce qui le leur rendait si nécessaire. Quoi qu'il en soit, lorsqu'il vit, à deux reprises différentes, entrer dans la rade d'Alger les flottes de *Francesco de Vera* et de *Hugo de Moncade,* il dut amèrement regretter d'avoir laissé subsister un poste, dont l'emploi judicieux eût singulièrement changé la face des choses.

Cette petite digression historique terminée, je pose de nouveau la même question : Est-il croyable qu'un compagnon d'armes de Kheïred-Din ait ignoré ce que savait le moindre des Algériens? Est-il croyable qu'un écrivain inspiré par lui ou lui ayant seulement entendu raconter ses guerres, ait ignoré l'origine du *Peñon,* et les motifs qui en amenèrent la construction ?

Mais, à mesure que nous avançons dans la lecture de la chronique, les preuves de la fausseté de l'origine indiquée abondent. Nous allons voir que l'auteur n'a pas une connaissance parfaite des faits, à une des périodes les plus importantes de la vie de son héros.

S'il y eut jamais un moment critique dans la vie si accidentée du second Barberousse, c'est bien certainement celui où, à bout de forces, entouré d'ennemis puissants, manquant de soldats, et se voyant dans Alger même environné de haines et de trahisons, il se décida, la rage au cœur, à abandonner une proie si précieuse, si longtemps désirée et si péniblement obtenue, pour aller chercher un refuge et attendre un moment plus favorable chez ses fidèles *Gigeris* *. Ce dut être une

---

* Jamais *Kheïr-ed-Din* ne se trouva dans une position aussi dangereuse. Le chef kabyle de *Kouko*, excité et soutenu par le Sultan de Tunis et par les Espagnols, le bloquait étroitement à l'est ; à l'ouest, *Kara Hassan* s'était rendu indépendant dans *Cherchell* et s'appuyait sur le Sultan de *Tlemcen*. Dans l'intérieur d'Alger, chaque jour voyait naître une conspiration ou une sédition nouvelle ; il ne restait presque plus rien des Turcs qui avaient accompagné les Barberousse : une partie avait péri, une autre était retournée en Turquie ; le reste avait épousé des femmes du pays et ne songeait qu'à jouir tranquillement des richesses acquises : la lutte était devenue impossible. *Kheïr-ed-Din*

détermination bien dure à prendre , et rien
ne peut nous porter à croire que les motifs
qui la lui dictèrent , durent jamais s'effacer
de sa mémoire , non plus que de celle des
compagnons de sa retraite. Nous avons déjà
dit que le *R'azaouât* ne trouve, pour expliquer cette détermination , rien de mieux qu'un
songe : « Une nuit, il songea qu'il s'ache-
» minait vers le bord de la mer, portant ses
» effets sur son dos, dans le dessein de les
» transporter à bord d'un navire, où il devait
» lui-même s'embarquer. Le prophète de Dieu
» (sur qui soient les bénédictions du ciel !)
» daignait lui aider à porter son fardeau. *Kheïr-*
» *ed-Din,* en se réveillant, vit dans ce songe
» qui le frappa , un ordre divin de quitter
» Alger , et il se mit aussitôt à faire ses
» préparatifs » (vol. ɪ, p. 187). — On avouera
qu'il est difficile de donner une explication

---

le comprit avec sa sagacité accoutumée et se retira
avec ses trésors dans son aire de *Gigelly;* mais lorsque la fortune changea, et qu'il revint trois ans après,
les têtes sanglantes de *Kara Hassan* et d'*Ahmed Ben
el Cadi,* suspendues aux crochets de la *Jénina,* purent
apprendre aux populations s'il manquait de mémoire
et faire prévoir à *Tlemcen* et à *Tunis* une vengeance
qui ne se fit pas longtemps attendre.

plus naïve ; toutefois cela ne serait rien : nous avons déjà constaté que c'est l'habitude de l'auteur d'attribuer toutes les résolutions importantes de son héros à des songes ou à des apparitions. Nous allons ajouter à sa charge une erreur capitale , que nous relevons à quelques lignes de là : « Quant à la province du » *couchant,* je ne vois pas , dans les archives » que j'ai consultées , qu'il y ait eu de révol- » tes. » (Vol. i, p. 186). J'appellerai de nouveau l'attention sur cette forme : « *Je ne vois* » *pas, dans les archives que j'ai consultées ,* » qui, comme je l'ai déjà dit, n'est évidemment pas celle d'un écrivain directement inspiré par celui dont il raconte la vie. J'ajouterai que le fait allégué est faux en lui-même : la province du *couchant* était en pleine révolte , et cela déjà depuis assez longtemps. Cette erreur n'a pas échappé à M. *Sander-Rang,* qui en a fait l'objet d'une note très-judicieuse [*]. Mais, encore une fois , est-il possi-

______

[*] La province du Couchant était également en révolte contre *Kheïr-ed-Din,* et tomba en partage à *Car-Hassan,* qui fit de *Scherchel* sa capitale. Nous en aurons la preuve plus loin, dans le récit de la reprise de cette ville par *Kheïr-ed-Din* et de la mort de *Car-Hassan ,* comme *Haëdo, Marmol* et d'autres le racontent aussi. (Sander-Rang , t. i , p. 186).

ble qu'un contemporain mêlé aux événements n'ait pas eu connaissance ou bien ait perdu la mémoire d'une révolte qui fit tant de bruit et dont il fut tiré, trois ans après, une vengeance si éclatante.

A la page 290 du premier volume, nous lisons ces mots : « Parmi ces derniers, il y » en avait un qui était fils d'un des baillis de » Rhôdes. » Et, à la page 295 : « Le rusé » Gardian-Bachi, continuant à jouer son rôle » avec une adresse supérieure, se tourna vers » le fils du bailli de Rhôdes, qui l'écoutait » avec attention, etc. » *Venture de Paradis* met, à ce sujet, l'annotation suivante : « L'au- » teur ignorait sans doute que les chevaliers » de Rhôdes faisaient vœu de chasteté ; c'était » peut-être le neveu d'un bailli » (vol. I, p. 290). — *Sander-Rang* présume qu'il s'agit de *Don Juan de Portundo,* fils du général des galères espagnoles.

Quoi qu'il en soit, ce n'est pas *Kheïr-ed-Din* qui pouvait ignorer les constitutions des chevaliers de Rhôdes, lui qui était né à *Metelin* et avait été élevé à quelques lieues des établissements de cet ordre célèbre, duquel son frère *Aroudj* avait été captif, et dont les lois leur étaient si bien connues, que plus d'un écrivain a pu affirmer que l'organisation de l'*Odjeac d'Alger* avait été calquée en très-grande partie par *Aroudj* , sur celle de l'ordre des chevaliers de Rhôdes *.

Cela dit, je ferai remarquer incidemment que l'expédition avortée de *Charles V* contre Alger occupe près de vingt pages dans la traduction , tandis que les deux tentatives de *Francesco de Vera* et de *Hugo de Moncade* sont narrées très-brièvement et presque sans

---

* Parlant fort bien la langue franque , et ayant eu des rapports dans cette île avec des hommes marquants, il avait pu étudier l'organisation, la force, les moyens politiques même de cet ordre, et concevoir le projet de combattre les chrétiens avec les moyens qui leur avaient si bien réussi, c'est-à-dire en formant vers le couchant et à la porte de leurs états, une puissance oppressive, comme ceux-ci en avaient élevé une au cœur de son pays. Pensée grande et forte, qui révèle plus qu'un simple chef de Corsaires , comme on s'est toujours plu à représenter le fondateur de l'*Odjeac d'Alger*. Personne, en effet, mieux qu'*Aroudj*, ne pouvait apprécier l'avantage d'une semblable politique; aussi parvint-il à en faire l'application avec un sucès qui a été bien fatal aux peuples européens. Un coup d'œil impartial jeté sur la Régence, fera voir qu'en plusieurs points elle n'est, en effet, que la copie de cette colonie chrétienne, mais toujours guerroyante, qui avait été fondée par l'ordre de Saint-Jean (Sander-Rang, vol. ii, p. 118).

aucun détail. De la part d'un historien quel-
conque, le fait paraîtrait très-naturel, et la
proportion de l'importance des faits bien ob-
servée ; mais cette explication ne peut pas
s'appliquer à *Kheïr-ed-Din*, et il sera bien
difficile d'admettre qu'il ait dicté avec une
sorte de prolixité le récit d'un événement
qu'il ne connaissait lui-même que par ouï-
dire, alors qu'il passait presque sous silence
les deux attaques* dont son frère et lui avaient
été personnellement l'objet, et qu'ils étaient

---

* La première tentative des Espagnols contre Alger
fut faite en 1516 : ils y envoyèrent une armée d'environ 10,000 hommes, commandée par don *Francesco de
Vera*, grand-maître de l'artillerie. Le débarquement
eut lieu le 30 septembre. L'opération fut mal conduite;
don *Francesco* avait cru devoir diviser ses troupes pour
attaquer simultanément sur quatre points différents.
Aroudj profita habilement de cette faute et le mit en
complète déroute. La plupart de ceux qui parvinrent
à s'échapper furent rejetés à la côte par la tempête et
périrent misérablement. A son retour en Espagne, le
général fut victime de la fureur populaire. — Après
la mort d'*Aroudj*, *Hugo de Moncade*, prieur de Messine,
fut mis à la tête d'une deuxième expédition. Il débar-
qua le 17 août 1518. Après avoir obtenu quelques
légers succès, il fut battu par *Kheïr-ed-Din*, et forcé
de se rembarquer à la hâte, ne ramenant avec lui que
quelques hommes, qu'il reconduisit à grand'peine à
Iviça.

fiers à juste titre d'avoir si victorieusement repoussées.

N'avons-nous pas le droit de nous étonner d'une semblable sobriété de détails dans le récit de la réception faite par *Soliman* à *Kheïr-ed-Din*, qui avait été mandé par lui à *Stamboul*, pour y être investi du commandement de ses flottes? C'est à peine si le *R'azaouât* nous indique les traits principaux de cette scène curieuse. Et cependant, quelle belle occasion pour le malicieux vieillard que nous a dépeint *Sandoval*, de décrire son arrivée triomphale à Constantinople, l'accueil bienveillant du Sultan, la jalousie et le dépit de tous les grands dignitaires, leurs manœuvres perfides, leurs calomnies, les soupçons qu'ils font un instant concevoir au Sultan, et, à la fin, quand ce dernier a prononcé * et qu'il

----

* Que l'Oriental reste bien toujours le même! En écrivant ces lignes, je sens se réveiller en moi le souvenir de la narration si attachante que fait le général Daumas de l'investiture de *Ben Mahy-ed-Din* par le *maréchal Bugeaud*. Qu'on voie si ces deux scènes ne semblent pas avoir été calquées l'une sur l'antre : « Il » allait être nommé *Khalifa du Sebaou*. A peine cette » détermination fut-elle connue, que tous les *Beni* » *Slyman*, les *Aribs*, les *Beni Djâd*, poussés par leurs » chefs envieux, se ruèrent en masse vers la tente du

a revêtu Barberousse de l'autorité suprême,
le changement à vue, leur aplatissement
brusque devant sa grandeur nouvelle, leurs
protestations de dévouement, toute cette scène
enfin, que raconte si bien l'évêque de Pampelune, et qui est si vivante et si vraie pour
tous ceux qui connaissent . les mœurs de
l'Orient !

Et maintenant, arrivés au terme de la discussion, nous sommes obligés de revenir à
la double question posée par MM. *Sander-Rang*

» gouverneur général. — C'était un effrayant pêle-
» mêle de burnous : Nous ne voulons pas de *Ben Mahy-*
» *ed-Din !* criait-on de toutes parts; il nous a ruinés
» par les impôts; il ne vaut pas mieux que les *Salem*,
» pas mieux qu'*Abd-el-Kader*; il te trahira, car il les
» a servis jusqu'à la fin.

» Les plus mutins, les mieux soudoyés peut-être,
» demandent sa tête et la ruine de son bordj-el-had.

» *Ben Mahy-ed-Din*, assis sur une pierre à quelques
» pas de la tente du gouverneur général, semblait seul
» étranger à ce tumulte.

» Le gouverneur imposa d'un geste silence à la
» foule, et lui cria : Je n'accepte pas les raisons que
» vous me donnez, pour refuser *Mahy-ed-Din*; car,
» s'il a servi son maître jusqu'à la fin, il a fait acte
» d'honnête homme. Ce que vous craignez, ce n'est
» point qu'il me trahisse, mais qu'il vous maintienne
» comme il l'a déjà fait. De gré ou de force, vous

et *F. Denis :* « Quel a été l'auteur du *R'aza-*
» *ouât ?* Quelle était sa position sociale ? »
Il ne nous est pas possible de répondre sur
le premier point [*] ; quant au second, il y a
peut-être quelque chose à dire, et il nous est
permis de raisonner par induction. Ce ne sera
donc qu'une trace que nous indiquerons, en
souhaitant qu'elle serve à un chercheur plus
heureux. Nous nous sommes bornés à tâcher
d'effacer ce que nous croyons être une fausse
piste. — « Quelle était la position sociale de
» l'auteur ? » — Nous croyons voir que la

» l'accepterez pour *Khalifa*, et je vous ordonne de le
» reconnaître à l'instant.

» Alors se passa une scène caractéristique de mœurs
» arabes. A peine le général *Bugeaud* eut-il prononcé
» ce dernier mot, avec l'impérieuse énergie qu'on lui
» connaît, que les plus acharnés, ceux qui, tout à
» l'heure, demandaient la tête de *Mahy - ed - Din*, se
» précipitèrent pour lui baiser les pieds et les mains :
» tous implorant sa protection, celui-ci pour une place,
» celui-là pour un burnous d'investiture : les injures
» s'étaient changées en sollicitations.

» *Ben Mahy - ed - Din* accueillit ces prières comme il
» avait reçu les menaces. (*La Grande Kabylie*, p. 242.)

[*] Et cependant, ne pourrait-on pas diriger l'attention
des chercheurs futurs sur Si-Barkât ben Chériff, que
nous savons avoir écrit une histoire des Barberousse,
qui jusqu'ici nous est restée inconnue ?

chronique répond elle-même à cette question, et l'auteur semble, à chaque page, nous dévoiler sa professisn. C'était un muphti ou un uléma. Son goût désordonné pour le merveilleux, son habitude de tout expliquer par des songes ou des apparitions divines, les louanges exagérées qu'il donne à *Kheïr-ed-Din* pour sa dévotion (point fort contestable) et pour sa générosité envers les ordres religieux, le soin qu'il prend de nous avertir que son héros ne faisait rien d'important sans prendre l'avis des ulémas et sans s'y conformer, tout cela constitue un ensemble qui nous rappelle trait pour trait les chroniques d'origine semblable à celle que nous indiquons.

Ajoutons que l'œuvre est évidemment celle d'un lettré (on y trouve souvent des citations poétiques et des descriptions d'un style recherché), et que ce n'est guère que parmi les ulémas qu'il faut chercher les lettrés de cette époque. — Disons encore, à titre de renseignements, que l'auteur habitait Alger, ou au moins l'avait longtemps habité ; ce que nous pouvons constater dans une quantité de petits détails locaux, et en particulier par cette phrase : « L'hôtel du gouvernement » occupait dans ce temps-là le même empla-

» cement qu'il occupe encore aujourd'hui :
» trois rues principales y aboutissaient. »
(Vol. i, p. 176.)

En résumé, la lecture attentive de la chronique nous démontre clairement :

1° Que *Kheïr-ed-Din* était mort (depuis huit ans au moins) à l'époque où le *R'azaouât* a été écrit ;

2° Que l'auteur ne connaissait pas la nationalité des conquérants de *Bougie;*

3° Qu'il ignorait les circonstances exactes de la mort d'*Aroudj Barberousse;*

4° Qu'il ne savait ni quand, ni pourquoi le *Peñon d'Argel* avait été construit;

5° Que des faits très-importants de l'histoire de *Kheïr-ed-Din* lui étaient inconnus, de son propre aveu;

6° Qu'il dit formellement, et à plusieurs reprises, avoir été forcé, pour trouver la vérité, de consulter les documents existant de son temps, et l'avoir quelquefois fait en vain.

Nous espérons qu'en présence de preuves semblables, le lecteur reconnaîtra qu'il est difficile de continuer à soutenir que le *R'azaouât* a été dicté ou inspiré par *Kheïr-ed-Din*.

Est-ce à dire pour cela que cet ouvrage

soit sans importance ? Loin de nous une
pareille pensée : abstraction faite de quelques
inexactitudes que nous avons dû relever,
nous trouvons constamment la chronique
d'accord avec les écrivains contemporains ;
nous y remarquons une connaissance parfaite
des lieux, et nous y rencontrons des détails
qu'on chercherait vainement ailleurs, sur les
luttes intérieures que les Barberousse durent
subir pour arriver à fonder leur puissance.
Enfin, nous croyons qu'il sera toujours aussi
indispensable de consulter le *R'azaouât* pour
écrire l'histoire de l'Algérie, qu'il serait dangereux de le considérer comme étant l'auto-
biographie de *Kheïr-ed-Din*.